Die kleine Natron und Backpulver Fibel

AF220011

Die kleine
Natron
und Backpulver
Fibel

Gesammelt von Mona Rhodan
Herausgegeben von Melanie Koßmann

Capt. Swings
Geheime Bibliothek

Bibliografische Information der Deutschen Nationalbibliothek: Die Deutsche Nationalbibliothek verzeichnet diese Publikation in der Deutschen Nationalbibliografie; detaillierte bibliografische Daten sind im Internet über dnb.dnb.de abrufbar..

Gesammelt von Mona Rhodan
Herausgegeben von Melanie Koßmann
Umschlaggestaltung und Grafik moonroot

© 2022 by Melanie Koßmann
Herstellung und Verlag:
BoD – Books on Demand, Norderstedt
ISBN 9 783756 218158

Inhalt

Vorneweg

Wie der Name schon sagt, ist Backpulver zum Backen gedacht. Auf Grund seiner Zusammensetzung, kann es aber noch viel mehr und sollte in keinem Haushalt fehlen. Ob zum Reinigen von Töpfen und Pfannen, putzen von Silber, entkalken und vieles mehr kann es im Haushalt helfen, statt teurer Spezialprodukte, die oftmals auch der Umwelt schaden.

Aber auch für die Körperpflege und für die Gesundheit ist Backpulver oder reines Natron (dazu mehr später) nahezu ein Alleskönner.

Natron war schon im Altertum bekannt. An der Wüstenstraße, die von Kairo nach Alexandria führt, liegt auf halber Strecke eine Oasengruppe in einem Wüstental. Dies ist das Wadi Natrun, das Natron-Tal. Die Gegend des Wadi Natrun ist seit pharaonischer Zeit besiedelt. Der arabische Name „Wadi Natrun"bedeutet soviel wie „Salzfeld". Im Altertum wurde dort das Natronsalz (Natriumcarbonat) abgebaut, dass unter anderem fürs Mumifizieren, Stoffbleichen, zum Räuchern und als Rohstoff für Glas wichtig war.

Das Backpulver, meist in kleinen Papiertütchen in jedem Supermarkt zu finden, wurde 1856 erfunden, kam aber erst 1891 durch August Oetger in die Haushalte. Schon bald hatten unsere findigen Urgroßmütter erkannt, was man außer Backen mit diesem neuen Stoff machen kann. Solche Rezepte wurden in kleinen Büchlein säuberlich aufgeschrieben und auch schon bald in den neu aufkommenden Zeitungen publiziert. Ich habe die Tipps aus verschiedenen alten Schriften zusammen gesucht, die in Capt. Swings Geheimer Bibliothek zwischen anderen Erleichterungen für den Haushalt, zum Beispiel wie man diverse Flecken entfernen kann, verstreut lagen. Es gibt dort noch viel Material, welches ich für dich zusammen stellen werde.

Backpulver und Natron einzusetzen wird dir helfen Geld zu sparen, denn sie sind preiswert. Es macht Freude, seine alternativen Produkte mit meinen Rezepten selbst herzustellen und damit etwas für die Umwelt zu tun, denn du sparst viel Chemie und Verpackungsmüll. Nicht nur deine selbst gemachten Kosmetikartikel sind gut für dich und deine Gesundheit. Du kannst Natron auch direkt als Medizin einsetzen. Achte dabei aber immer auf die Hinweise, dass eine Natron Kur mit dem Arzt abgesprochen sein sollte.

Wenn möglich sollten wir alles tun, um uns selbst zu heilen und auf Medikamente zu verzichten. Aber wir sollten nie ein gesundheitliches Risiko eingehen. Denn deine Gesundheit ist dein höchstes Gut.

Was ist Backpulver überhaupt und was ist der Unterschied zu Natron?

Backpulver ist ein Treibmittel, das hauptsächlich zum Backen benutzt wird. Die handelsüblichen Backpulvermischungen bestehen aus drei Zutaten:

- Natron (Natriumhydrogencarbonat) als CO_2-Quelle

- Weinsäure, Dinatriumdihydrogendiphosphat oder Monocalciumorthophosphat als Säureträger

- Maisstärke als Trennmittel (um Feuchtigkeit zu binden und eine vorzeitige Reaktion zu verhindern)

In der Kombination von Wärme mit Feuchtigkeit reagieren Natron und Säure miteinander und setzen Kohlenstoffdioxid (CO_2) frei, wodurch kleine Gasbläschen entstehen. Das Gas lockert den Teig auf und lässt ihn aufgeben.

Backpulver & reines Natron: Wo ist der Unterschied?

Wie wir gesehen haben, enthält Backpulver auch Natron. Es enthält zusätzlich Säure und Trennmittel. Dadurch kann Backpulver sofort reagieren, Natron braucht einen zusätzlichen Säurelieferanten, zum Beispiel Essig, Milch oder Zitronensäure um CO_2 zu bilden. Deshalb kann man Backpulver nicht einfach durch Natron ersetzen, aber Natron durch Backpulver.

Natron ist preiswerter als Backpulver und kann in Verbindung mit Essig oder Zitronensäure bei den meisten später vorgestellten Tipps problemlos an Stelle von Backpulver verwendet werden, um das gleiche Ergebnis zu erzielen. Bei den Kosmetikartikeln und den gesundheitlichen Anwendungen werde ich dir reines Natron empfehlen. Es sollte aber immer Natron in Lebensmittelqualität verwendet werden, welches als E500ii gekennzeichnet ist. Wenn du nach der Lektüre dieses Büchleins deine ersten Erfahrungen gesammelt hast, wirst du Natron in einer größeren Menge brauchen, als der Supermarkt dir bietet. Dann empfehle ich dir zum Beispiel Natron Pulver Backing Soda 5kg, deutsche Herstellung u. Abfüllung, in hochreiner Lebensmittelqualität, im recyclefähigem, wiederverschließbaren Eimer vom EWL.

Dafür solltest du kein Backpulver verwenden:

Die Möglichkeiten, Backpulver oder Natron einzusetzen, werden immer weiter verfolgt und es gibt auch neuere Erkenntnisse.

Inzwischen haben sich auch einige der alten Tipps als nicht so gut, nicht wirklich ratsam ergeben. Dazu möchte ich hier 3 Beispiele zeigen und warum diese bedenklich sind.

Backpulver als Zahnpasta: Backpulver ist ein natürliches Bleichmittel und macht natürlich auch deine Zähne weißer. Jedoch zerstören die enthaltenen Säuren und Schmirgelsubstanzen den Zahnschmelz und fördern so die Zersetzung der Zahnsubstanz.

Backpulver zur Reinigung der Gesichtshaut (Peeling): Backpulver enthält Zitronensäure oder Phosphate, die nicht auf die Haut gehören. Statt dessen ist reines Natron mit etwas Wasser vermischt durchaus anwendbar. Es entfernt behutsam und schonend abgestorbene Hautpartikel und Schmutz. Aber auch hier gilt es, die Paste vorsichtig einzumassieren, um die Haut nicht zu reizen

Backpulver gegen Ameisen: Tatsächlich lassen sich Ameisen mit Backpulver bekämpfen, aber schön ist das nicht. Die Ameisen werden von dem Pulver verätzt und sterben einen qualvollen Tod. Man kann Ameisen mit Duftstoffe und ätherische Ölen vertreiben. Zum Beispiel wirken Gewürznelken, Lavendelblüten, Chilipulver und Zimt, einfach Wunder, wenn man sie auf die Wege und Nester streut.

Und nun zu dem, was du bedenkenlos mit Backpulver und Natron alles machen kannst.

In der Küche

Erbsen, Bohnen und Linsen werden schneller weich und außerdem bekömmlicher, wenn man ins Kochwasser Natron gibt. Ein Teelöffel pro Liter genügt. Grünen Bohnen behalten so außerdem ihre frische Farbe.

Karotten: Du legst die Karotten in kochendes Wasser, dem du pro Liter Wasser einen halben Teelöffel Natron hinzu gegeben hast. Nach kurzer Zeit nimmst du die Karotten wieder heraus und spülst sie kalt ab. Nun lässt sich die Schale einfach abziehen.

Eier: Mit einem Teelöffel Natron im Wasser beim Eierkochen lässt sich später das Ei deutlich einfacher schälen.

Kohl: Früher galt Kohl als Arme-Leute-Essen. Aber man kann Kohl durchaus lecker zubereiten. Nur dass er stark bläht, schmälert den Genuss. Bekannt ist, mit einer Prise Kümmel den Kohl, die Kohlsuppe oder auch Brokkoli bekömmlicher zu machen. Wenn man aber den Geschmack von Kümmel nicht mag kann auch Natron bzw. eine Prise Backpulver helfen, die Gasbildung durch den Kohl zu mindern.

Käseauflauf

Käseaufläufe können etwas schwer und zäh geraten. Mit etwas Natron oder Backpulver kann Käse bzw. der Käseüberzug fluffiger werden. Auch bei Käsefondue oder Lasagne hilft dieser einfache Trick. Du gibst dem warmen Käse etwas Natron hinzu, dann geht der Käse beim Backen auf.

Fleisch

Werden Filets nur kurz gebraten bleiben sie oft zäh und ungenießbar. Auch nach längerem Garen werden sie nicht zarter. Um Dein Fleisch zarter zu bekommen, kannst du es zuvor mit Backpulver oder Natron behandeln.

Dazu reibst du die Fleischstücke mit einer Paste aus Backpulver und etwas Wasser ein. Das so behandelte Fleisch lässt du einige Stunden liegen. Dann wird das Backpulver wieder abgewaschen und das Fleisch kann gebraten oder gegrillt werden. So wird es auch nach kurzer Garzeit zart und weich. Auch Hähnchen kannst du mit einer Backpulver-Salzmischung einreiben, bevor du es im Ofen schmorst. Dann wird die Haut lecker knusprig.

Salatdressing

Ist dir das Salatdressing etwas zu sauer geraten, kannst du es mit einer Prise Natron wieder milder machen.

Getränke

Kaffee und Tee lassen sich geschmacklich verbessern, indem du, vor allem bei hartem, kalkhaltigem Wasser, eine Prise Natron hinzu gibst.

Im Sommer kann man wunderbar Erfrischungsgetränke aus Säften, Zitrone oder Pfefferminze herstellen. Noch erfrischender wirken sie, wenn in ihnen prickelnd Kohlensäure aufsteigt. Dazu brauchst du einfach nur einen Teelöffel Backpulver hinzugeben

Gerüche

Natron bindet Gerüche. Sein Einsatz ist quasi unbegrenzt möglich. Überall dort, wo sich leicht unangenehme Gerüche bilden, lässt sich mit Natron die Luft verbessern. Deiner Phantasie sind keine Grenzen gesetzt. Allerdings gibt es für viele Bereiche auch bessere Lösungen als Natron. Dazu mehr in einem anderen Buch.

Kühlschrank

Wenn es unangenehm aus dem Kühlschrank riecht, solltest du zuerst die Quelle des üblen Geruchs ausfindig machen. Steht oder liegt da aber nichts rum, das schimmelt oder verfault, dann solltest du den Kühlschrank auf jeden Fall einmal gründlich sauber machen. Am Besten nimmst du dazu eine Wasser/Essig Mischung. Stellst du dann eine Untertasse Natron in den Kühlschrank, saugt es für ein paar Wochen alle unangenehmen Gerüche auf. Erweitern kannst du diese Methode mit ausgepressten Zitronenhälften. Statt sie wegzuwerfen füllest du sie mit

etwas Natron. Anschließend einfach in den Kühlschrank legen. Natron absorbiert die üblen Gerüche, während die Zitronenhälften einen fri-
schen Duft verströmen.

Spülmaschine

Eigentlich sollten die Essensreste aus der Spülmaschine durch den Abfluss gespült werden. Aber tatsächlich bleiben Ablagerungen, die für schlechte Gerüche in der Spülmaschine sorgen. Auch hier können Natron, Essig und Zitrone für gründliche Abhilfe sorgen. Du verstreust einfach einen Esslöffel Natron mit etwas Essig in der Spülmaschine und lässt eine Zitronenschale im Besteckkorb mitspülen. Natürlich sollten sich keine Kerne darin befinden, welche die Düsen verstopfen könnten.

Abfluss

Genauso sorgen Essensreste, Fett und andere Ablagerungen für muffelnde Abflüsse. Schütte zwei Esslöffel in den Abfluss und gieße eine halben Tasse Essig oder Essigessenz nach. Decke den Abfluss mit einem feuchten Tuch ab und lasse die Mischung ca. zehn Minuten einwirken. Dann mit heißem Wasser nachspülen. Hilft auch bei verstopften Abflüssen.

Haustier

Wenn deine Gäste bei ihrem ersten Besuch gleich sagen:"Ach, Du hast eine Katze - (oder einen Hamster)...." dann nicht, weil sie deinen Liebling schon erspäht, sondern gerochen haben. Aus dem Katzenklo oder dem Käfig steigen schnell unangenehme Gerüche auf. Das kannst du mit einem oder zwei Esslöffeln Natron, auf den Boden gestreut, leicht verhindern. Natron oder Backpulver ist für deine tierischen Lieblinge ungefährlich.

Teppich und Polster

Ob du nun ein Haustier hast, welches sich auf Teppich und Polster legt, oder ob es auch einfach durch die normale Nutzung entsteht. Textile Möbel nehmen Gerüche an und dünsten sie aus. Natron lässt auch Deinen Teppich und Deine Polstermöbel wieder duften. Dazu streust du Natron oder Backpulver direkt auf den betreffenden Teppich oder die Couch und lässt es über Nacht einwirken. Am nächsten Morgen kannst du es absaugen und der muffelige Geruch ist verschwunden.

Auf die gleiche Weise kannst du auch deine Autositze einfach reinigen. Dazu brauchst du keinen chemischen Schaum.

Handelt es sich um eine hartnäckige Verschmutzung, reibst du das trockene Pulver mit einem feuchten Schwamm in die betroffenen Stellen ein. Einwirken lassen und ebenso am nächsten Tag absaugen.

Apropos Staubsauger, der ja auch gerne eine etwas unangenehm riechende Luft hinterlässt. Wenn du als erstes etwas Natronpulver einsaugst, wird hinterher der Raum nicht nach Staubsauger riechen.

Spray

Du kannst dir mit Natron auch einfach ein Spray herstellen, um muffelnde Gegenstände zu reinigen. Dazu löst du 3 Esslöffel Natron in einem Liter warmen Wasser auf. Das Wasser sollte

Warm sein, damit sich das Pulver leichter auflöst und keine Klümpchen bilden kann, was in kaltem Wasser leicht passiert. Das füllst du in eine Sprühflasche und hast immer etwas zur Hand, wenn etwas gereinigt werden soll, wo du mit Pulver und Staubsauger nicht so gut rankommst. Zum Beispiel Deine Handtasche, Dein Rucksack, oder die Sportschuhe. Einsprühen und trocknen lassen oder mit trockenem Tuch nachputzen.

Natürlich setzen wir Natron auch gegen Fuß- und Sockengerüche ein. Damit werden die organischen Säuren aus dem Fußschweiß neutralisiert und die Bakterienvermehrung gehemmt. Einfach in die Socken einen Teelöffel Natron geben, durchschütteln und anziehen. So bleiben die Füße trocken und es kann kein Geruch entstehen. Du kannst auch die Füße mit der oben beschriebenen Natronlösung einsprühen oder statt in die Socken direkt in die Schuhe geben. So wird der Geruch in den Schuhen vermieden.

Reinigen

Fettflecken

In der Küche ist es schnell passiert: Du rührst und plötzlich kommt ein Essig- oder Öl-spritzer auf die Kleidung. Deswegen muss sie nicht gleich in die Waschmaschine, wo auch nicht immer die Fettflecken raus gehen. Mische Backpulver mit etwas Wasser, die entstandene Paste auf den Fleck auftragen, eine zeitlang ein-wirken lassen und später abbürsten. Sollte rei-chen.

Kaffee- und Tee

In Tassen, Kannen und Gläsern, in denen Tee und Kaffee serviert werden, bildet sich mit der Zeit oft ein Belag oder unschöner Schleier. Gib ein halbes Päckchen Backpulver in das Gefäß, fülle mit Wasser auf und lass es am Besten über Nacht stehen. Entweder ist der Belag dann ver-schwunden oder er lässt sich leicht entfernen.

Teppich

Etwas wird verschüttet und schon hast du einen Fleck auf dem Teppich. Meist lässt er sich leicht entfernen wenn du direkt handelst. Was aber, wenn man den Fleck erst später bemerkt und er schon eingetrocknet ist? Dann streust du ausreichend Backpulver auf den Fleck, bi er ganz bedeckt ist. Du kannst das Pulver noch mit einer Bürste leicht einarbeiten. Dann sprühst du warmes Wasser auf das Backpulver, bis es beginnt zu schäumen. Nun heißt es warten, bis das Pulver wieder ganz eingetrocknet ist. Das Pulver aufsaugen und der Fleck ist auch mit weg. Wenn noch nicht ganz, dann mach das ganze noch einmal. Das sollte dann aber genügen.

Backofen und -bleche

Geht es nur um den Boden des Backofens, dann kannst du auf den Boden eine Packung Backpulver mit 3 EL Wasser angemischt verteilen. Nach ungefähr 30 Minuten mit einem feuchten Tuch wegwischen.

Muss der ganze Backofen gereinigt werden, also auch die Seiten, dann mischen wir in einem Topf 3 Tütchen Backpulver mit Wasser. Das verteilen wir mit einem Schwamm im Backofen auf allen verschmutzten Flächen. Nun stellst du den Topf, in dem noch ein Rest der Mischung sein sollte, am besten auf ein Rost, mit in den Backofen. Den schaltest du auf 100 Grad für eine Stunde ein. Danach sieht der Backofen vielleicht etwas stark verschmiert aus, aber du wirst sehen, nun

kannst du mit einem Schwamm oder feuchten Tuch alle eingebrannten Reste leicht wegwischen und dein Backofen sieht aus wie neu.

Auf die Bleche kannst du das Pulver direkt auftragen und am Besten mit heißem Wasser übergießen. Lass es ca.30 Minuten einwirken. Dann mit einem Schwamm aufwischen.

Töpfe

Angebrannte Töpfe kannst du so reinigen wie die Backbleche.

Spülmaschine

Auch in der Spülmaschine bleiben gerne Reste und Kalkablagerungen an den Wänden, dem Boden, am Sprüharm und zwischen den Körben. Wenn du da mit einem Schwamm oder Lappen rangehst, kannst du reichlich Zeit vergeuden und Finger verbiegen. Ab jetzt machst du das ganz einfach mit einem Tütchen Backpulver und einem Glas Essig.

Du gibts einen Teil des Essigs in das Pulverfach und stellst das Glas oben in das Fach. Das Backpulver streust du auf den Boden der Spülmaschine. Schließen und auf der wärmsten Stufe einen Spüldurchgang laufen lassen. Du wirst sehen, alles ist wieder sauber, entkalkt und riecht gut.

Waschmaschine

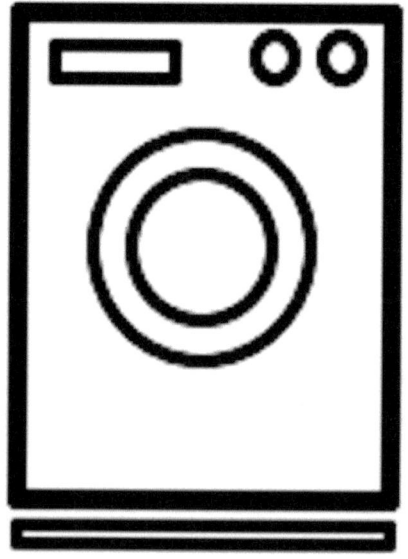

Wenn es aus der Waschmaschine schon müffelt oder sogar die Wäsche nicht mehr frisch riecht, dann wird es Zeit für unseren nächsten Einsatz. Dieses Mal nehmen wir eine halbe Flasche Essig und 50 Gramm Natron. Letzteres kommt in das Waschmittelfach. Den Essig schüttest du gleich in die Trommel. Nun lass die Maschine im Kurzwaschgang bei 60 Grad laufen. Das war's auch schon. Gleichzeitig hast du deine Maschine mit diesem Trick auch schon entkalkt, was du ca. alle 6 Monate machen solltest.

Verstopfte Abflüsse

In den verstopften Abfluss streust du zwei Päckchen Backpulver. Darauf kippst du eine halbe Tasse Essig oder Essigessenz. Den Abfluss nun mit dem Stopfen oder einem feuchten Tuch verschließen. Du solltest deutlich ein Zischen und Sprudeln hören. Anschießend mit heißem Wasser nachspülen.

Schmutzige Fugen

In Küche und Bad werden an den Gebrauchsstellen schnell die Fugen schmuddelig und unansehnlich. Das Backpulver streust du auf einen feuchten Schwamm und wischst damit über die Fugen. Eventuell wiederholen.

Kalkflecken

auf den Armaturen, den Glastüren und deren Halterungen entfernen wir mit einem selbst hergestellten Spray aus Essig, Backpulver und Wasser. Du gibst etwa 100 ml warmes Wasser und 200 ml Essig in eine Sprühflasche und etwa ein halbes Tütchen Backpulver dazu. Lass es etwa 10 Minuten wirken, gut durchschütteln und nun alles was zu reinigen ist damit einsprühen.

Backpulver als Entkalker

Mit einem Backpulver-Wassergemisch lassen sich Wasserkocher, Kaffee-Maschine und andere Küchengeräte einfach entkalken. Bei dem Wasserkocher ein Tütchen Backpulver ins Gerät geben und mit ca. 200 ml Wasser auffüllen - nicht mehr, da Backpulver in heißem Wasser stark sprudelt. Das Gemisch aufkochen und ca. 1

Stunde einwirken lassen. Anschließend auskippen und ein Mal voll reines Wasser kochen zum Ausspülen.

So ähnlich kannst du das bei der Kaffeemaschine machen: Löse das Backpulver in heißem Wasser auf kipp die Mischung in den Wassertank. Lass es eine Weile einwirken. Sobald die Flüssigkeit abgekühlt ist, kannst du die Kaffeemaschine einschalten und das Gemisch durchlaufen lassen. Dabei bilden sich wieder Bläschen mit kalklösender Wirkung.

Allzweckreiniger

Aus Natron und einigen weiteren Zutaten lässt sich einfach und schnell ein vielseitig einsetzbarer Allzweckreiniger selber machen:

2 Teelöffel Natron

2 Teelöffel fein geriebene Kernseife,

1/2 Liter warmes Wasser

ein Spritzer Zitronensaft

Zuerst die Kernseife im warmen Wasser auflösen, Natronpulver und Zitrone hinzufügen, abkühlen lassen, in eine Flasche abfüllen und schon ist Dein Universalreiniger fertig. Wenn du magst kannst du für den Duft noch ein paar Tropfen ätherisches Öl beigeben.

Geschirrspülmittel

Dafür nimmst du fast die gleichen Zutaten wie beim Allzweckreiniger.

20 Gramm geriebene Kernseife

1/2 Liter warmes Wasser

1 Teelöffel Natron

1 Spritzer Zitronensaft oder ätherisches Öl

Alles zusammen in eine leere Spülmittel-Flasche oder einen Spender geben, eventuell mit Wasser auffüllen, durchschütteln und fertig ist dein eigenes Spülmittel.

Wäsche waschen

Auch meine Mutter hat früher Backpulver als Helfer beim Wäschewaschen verwendet. Das enthaltene Natron ist ein guter Ersatz für Weichspüler und die Wäsche wird leicht gebleicht. Gib einfach zwei Tütchen Backpulver zur nächsten Weißwäsche und vergraute T-Shirts und Hemden werden wieder weiß und weich.

Flecken und stark verschmutzte Stellen wie zum Beispiel Hemdkragen, Manschetten und Flecken können mit Backpulver vorbehandelt werden. Dazu brauchst du nur etwas Pulver auf die verschmutzten Stellen streuen, anfeuchten, einwirken lassen und nach ungefähr einer Stunde in die Waschmaschine geben.

Statt Backpulver kannst du auch reines Natron und Zitronensaft benutzen.

Waschpulver

Jetzt stellen wir uns auch noch das Waschpulver her. Wozu all diese chemischen Seifen und Pulver in deinen Haushalt stellen. Du wirst rasch merken, dass du mit wenigen Mitteln für vieles zu reinigen auskommst, dabei ökologisch handelst und Geld sparst.

Zutaten:

100 gr Kernseife

150 gr Waschsoda ((Natriumcarbonat)

150 gr Natron

100 gr Spülmaschinensalz als Wasserenthärter oder 100 gr Zitronensäure. Eignet sich nicht unbedingt für Buntwäsche, da Zitronensäure bleicht. Stattdessen kannst du auch normalen Essig nehmen.

Auf Wunsch ätherisches Öl für den Wäscheduft

Herstellung:

Die Kernseife auf einer Küchenreibe fein raspeln. Alle trockenen Zutaten gründlich in einer Schüssel vermischen und anschließend luftdicht aufbewahren, zum Beispiel in einem fest verschließbaren Einmachglas.

Das Waschpulver wird wie jedes andere verwendet. Normal sollten ein bis zwei Esslöffel reichen. Kurz vor dem Waschgang gibst du noch wenn nötig den Essig hinzu und evtl dein ätherisches Öl für den Wäscheduft.

Schuhe

Auch dies ist möglich. Vor allem für Schuhe aus Textil, die nicht in die Waschmaschine dürfen, ist Natron ein perfektes Reinigungsmittel. Du gibst etwas Natron auf einen feuchten Schwamm oder ein Tuch und reibst die Schuhe damit ein. Bei starker Verschmutzung solltest du das etwas einwirken lassen und später mit klarem Wasser abwischen. Das funktioniert auch bei Sandalen, Flip Flops und anderen Schuhen.

In Stoffschuhen oder Wanderschuhen bilden sich oft auch unangenehme Gerüche. Einfach etwas Backpulver in die Schuhe streuen und über

Nacht stehen lassen. Am nächsten Tag das Pulver wieder ausschütteln.

Silber und Schmuck

Silberbestecke- und -schmuck verlieren nach und nach ihren Glanz und laufen dunkel an. Man sagt, das Silber oxydiert. Kommt das Silber mit Schwefelwasserstoffen in Kontakt, reagiert das Silber zu einer neuen Verbindung, zu Silbersulfid, einem festen schwarzen Salz. Genau genommen heißt diese Reaktion sulfieren. Schwefelwasser-

stoffe befinden sich in der Luft, im Schweiß, aber auch in Sonnenmilch oder Eiern.

Eine Möglichkeit, das Silber zu reinigen ist Zahnpasta. Aber gerade in fein ziselierte Stellen kommst du mit der Zahnbürste, aber nicht mit dem Poliertuch rein und die bleiben dann dunkel. Die unschönen Verfärbungen lassen sich aber auch mit Wasser und Backpulver beseitigen: Vermische einen Esslöffel Backpulver mit einem Liter Wasser und lege das zu reinigende Silber hinein. Nach ungefähr einer Stunde in der Backpulver-Lösung lässt sich das Besteck und der Schmuck einfach nach dem Trocknen polieren und sieht aus wie neu.

Verblüffend ist auch folgende Methode, mit der du Schmuck, Münzen und Silber sanft reinigen kannst: Du legst Alufolie oder Folienschnippsel in eine Schüssel, fügst einen Teelöffel Natron, einen Teelöffel Kochsalz und heißes Wasser hinzu und legst dein Silber hinein. Nach kurzer Zeit kannst du die Objekte mit einem weichen Lappen polieren.

Kratzer auf dem Handy

Am Anfang passt du auf dein Smartphone auf wie ein Luchs. Aber früher oder später passiert es: ein Kratzer im Display. Zum Glück gibt es ja Backpulver. Mische zwei Teelöffel Backpulver (oder Natron) mit einem Teelöffel Wasser, um eine Paste herzustellen. Die trägst du auf den Bildschirm des Smartphones auf und polierst ihn anschließend mit einem weichen, sauberen Tuch. Anschließend reinigst du die Oberfläche mit einem angefeuchteten Tuch und zum Schluss bringst du mit einem Mikrofasertuch den Display wieder zum Glänzen.

Insekten auf der Autoscheibe

Verbesserte Aerodynamik bei den Autos, aber auch ein Rückgang vieler Insektenarten haben dazu geführt, dass anscheinend weniger Insekten auf Autoscheiben zu finden sind als früher. Auch spielt die Fahrgeschwindigkeit eine große Rolle. Ein Agrar-Biologe berichtet von einem Selbsttest, bei dem er unter gleichen Witterungsbedingungen auf der gleichen Strecke bei

130 km/h fast 10 Mal mehr tote Insekten auf seiner Windschutzscheibe hatte als bei 100 km/h. Auf Landstraßen wird man ebenfalls eher zum Insektenkiller als auf Autobahnen. Nach einer kurzen Ausfahrt über das Land, vor allem im Frühsommer, ist die Windschutzscheibe von oben bis unten mit toten Insekten verklebt. Wenn du bisher nur mit einem teuren Spray die Scheibe wieder sauber bekommen hast, kannst du ab jetzt Geld sparen. Etwas Natronpulver auf einem feuchten Schwamm schafft schnell und einfach wieder eine saubere Windschutzscheibe.

Blumen und Pflanzen

Blumensträuße

Es sieht traurig aus, wenn die Blumen in der Vase ihre Köpfe hängen lassen. Leider ist es für gewöhnlich schon nach ein paar Tagen so weit. Du versuchst es mit frischem Wasser, schneidest die Stiele neu an, das alles rettet die Blumen noch über einen Tag. Um die Lebenszeit deiner Schnittblumen zu verlängern, gibst du einen Teelöffel Natron oder Backpulver ins Blumenwasser. Ist es ein großer Strauß entsprechend mehr. Deine Blumen bleiben länger frisch und lassen ihre Köpfe nicht hängen.

Blattläuse

Auch Blattläuse lassen sich mit Backpulver bekämpfen. Einfach etwas Pulver und Wasser in eine Sprühflasche und die betroffenen Pflanzenteile alle zwei Tage besprühen, bis die Blattläuse verschwunden sind.

Mehltau

Verschiedene Pflanzenkrankheiten, die durch Pilze verursacht werden und die du an weißen Stellen auf den Blättern erkennst, werden Mehltau genannt. Entstehen hingegen nur gelbliche, helle Flecken auf der Oberseite des Blattes handelt es sich um den Falschen Mehltau. Beide Krankheiten schwächten deine Pflanzen und es kann dazu führen, dass sie komplett eingehen.

Hast du Mehltau entdeckt, solltest du deshalb schnell handeln. Zunächst entfernst du alle Teile der Pflanze, die sichtbar befallen sind. Damit der Pilz sich nicht weiter ausbreiten kann setzen wir wieder Natron ein:

Zwei Teelöffel Natron mit einem Liter Wasser mischen.Die Pflanze großflächig damit einsprühen. Mehrmals wiederholen, bis der Befall komplett verschwunden ist.

Unkraut

Als Unkraut bezeichnen wir Pflanzen, die unerwünscht wild wachsen und so das Gedeihen unserer Gartenpflanzen beeinträchtigen. Mitunter können diese Pflanzen durchaus nützlich sein, sogar als Nahrungsmittel dienen. Aber das gehört in ein anderes Buch. Du kannst diese „Unkräuter" natürlich auch per Hand und mit geeignetem Werkzeug entfernen. Das ist oft mühsam und zeitaufwändig. Natron macht das Unkrautjäten im Garten überflüssig. So stellst du die richtige Lösung her:

Einen Liter Wasser kochen.
Das kochende Wasser mit einem Esslöffel Natron vermischen.
Abkühlen lassen, dann in eine Sprühflasche füllen und das Unkraut mindestens einmal am Tag gründlich damit einsprühen. Nach einigen Tagen sollten die unerwünschten Pflanzen abgestorben sein.

Achte darauf, dass beim Sprühen deine übrigen Gartenpflanzen nichts abbekommen

Gesunde Böden

Um herauszufinden, ob dein Boden zu sauer ist, kannst du preiswert und schnell mit Natron eine Test in deinem Garten durchführen:

Gieße auf den zu prüfenden Boden etwas Wasser.

Streue Natron - kein Backpulver - darauf.

Ist der Boden sauer, werden sich kleine Blasen bilden.

Wenn hingegen nichts passiert, liegt der ph-Wert deines Bodens über fünf.

Das Natron reagiert mit der Säure im Substrat. Dadurch entstehen die Bläschen.

Du kannst auch mit Natron den ph-Wert erhöhen und geringfügig saure Erde ausbalancieren bzw. für basische Erde sorgen, die ausreichend Nährstoffe hergibt:

Dazu gibst du 1 bis 2 Esslöffel Natron ins Gießwasser.

Auf größeren Flächen kannst du mit Kalk günstiger den ph-Wert verbessern.

Kosmetik

Es gibt ein umfangreiches Buch über selbstgemachte Kosmetik in Capt. Swings Geheimer Bibliothek, gesammelt und vorgestellt von Melanie Koßmann. Hier geht es nur um ein paar kleine Tipps, wie du Backpulver oder Natron verwenden kannst für Haut, Haare oder als Deo.

Peeling

Um ein gesundes Hautbild zu erhalten, solltest du dich regelmäßig von abgestorbenen Hautschuppen befreien. Leider sind die meisten Produkte, die du im Drogeriemarkt erhältst, mit Mikroplastik versetzt. Diese winzigen Teilchen gelangen über das Abwasser letztlich ins Meer, weil diese kleinsten Teilchen in Kläranlagen nicht herausgefiltert werden können. Die winzigen Plastikteile werden von Fischen mit der Nahrung aufgenommen und gelangen so letztlich auch wieder in unsere Körper. Mit Natron (kein Backpulver verwenden), Wasser und Zitronensaft kannst du dir selbst ein Peeling herstellen, das für deine Haut und die Umwelt gesünder ist. Mische 100 Gramm Natron mit etwas lauwarmen Wasser und ein paar Spritzern Zitronensaft zu einer glatten Paste. Statt Wasser und Zitrone kannst du auch ein feines Öl verwenden.

Verreibe die Paste in kreisenden Bewegungen dünn auf deiner Haut. Abschließend einfach mit warmen Wasser abspülen. Das lässt sich auch wunderbar unter der Dusche für den ganzen Körper machen.

Grobe Hautstellen, die häufig im Alter auftreten, wie an den Ellbogen, Knien oder als Hornhaut an den Füßen, kannst du auch mit Natron bzw. Backpulver behandeln. Dazu stellst du eine etwas dickere Paste her, ungefähr mit der Konsistenz von Zahnpasta. Die trägst du auf die besonderen Stellen auf, lässt sie kurz einwirken und reibst sie dann leicht ein. Dann wieder mit warmem Wasser abspülen. Grobe Schuppen werden so entfernt und die Haut wird weicher. Hornhaut an den Füßen lässt sich nun leichter mit einem Bimsstein behandeln.

Pickel

Hautunreinheiten wie Pickel oder Akne lassen sich ebenfalls mit Natron behandeln, da es entzündungshemmend und antiseptisch wirkt. Dazu stellst du wieder eine Paste her, Natron oder Backpulver mit Wasser 1:1.

Die Paste auftragen und mindestens 10 Minuten einwirken lassen. Anschließend mit warmem Wasser abwaschen. Da Natron die Haut austrocknet, solltest du es nicht täglich anwenden und immer abschließend eine sanfte Feuchtigkeitspflege auflegen.

Deo

Dank seiner Geruch bindenden Eigenschaften kannst du Natron auch als Deo-Ersatz nutzen. Dazu zerreibst du das Pulver in einem Mörser zu feinem Puder und trägst es trocken mit einer Puderquaste oder einem Zerstäuber unter den Achseln auf.

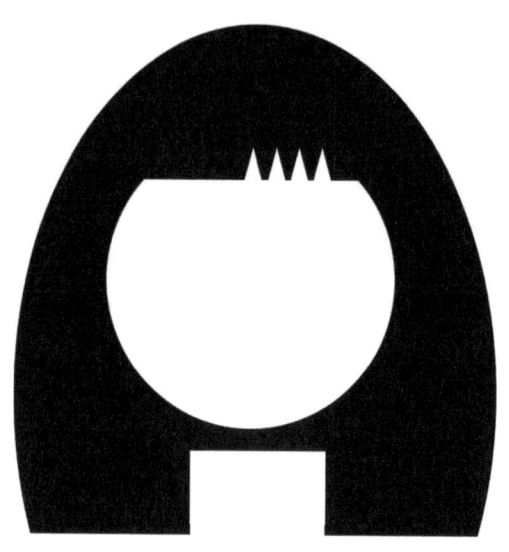

Haare -

Trockenwäsche

Wenn eigentlich eine Haarwäsche fällig wäre, aber die Zeit zu knapp ist, dann nimm Backpulver. Du massierst es am Haaransatz und Scheitel ein, bürstest die Haare aus und schon sehen sie wieder frisch und voluminös aus.

Mehr Fülle

Auch bei sehr feinem Haar kannst mit etwas Backpulver zu deinem Shampoo mehr Volumen schaffen. Dazu etwa 1 Teelöffel Backpulver mit dem Shampoo in der Hand vermischen und die Haare ganz normal waschen.

Shampoo

Du kannst aber auch direkt Backpulver mit Wasser vermischen und dir so ein schonendes und preiswertes Shampoo herstellen. Die Haare mit einer Natronlösung zu waschen ist allerdings etwas anders als mit einem herkömmlichen Shampoo. Du mischst ungefähr 150 ml warmes Wasser mit zwei bis drei Teelöffeln Natron.

Spül deine Haare gut durch und gieße dann die Natron-Lauge langsam über deinen Kopf, verteile es gleichmäßig über die gesamte Kopfhaut und in die Haare. Gut einmassieren und drei Minuten einwirken lassen. Dann ausspülen.

Danach solltest du eine saure Spülung machen, um den ph-Wert deiner Kopfhaut wieder auszugleichen. Gib zwei Esslöffel Apfelessig in einen Liter warmes Wasser und gieße die Spülung über den Kopf. Der Essiggeruch verfliegt rasch. Statt Essig kannst du auch den Saft einer halben Zitrone nehmen. Möchtest du etwas Duft in deinem Haar, setzt du der letzten Spülung noch einen Tropfen eines ätherischen Öls bei.

Nutze die Natron-Haarwäsche nur dann, wenn du dich wirklich langfristig von herkömmlichen Shampoos verabschieden willst. Deine Kopfhaut und dein Haar müssen sich umstellen. Da ist es nicht gut, wenn du nur mal kurz für ein- zwei Mal auf Natron umstellst, aber eigentlich doch lieber den Schaum, den Duft eines konventionellen Shampoos bevorzugst.

Auch wirst du etwas experimentieren müssen, denn Haare sind unterschiedlich. Vielleicht sehen deine Haare nach der ersten Wäsche noch fettig aus, vielleicht brauchst du mehr oder weniger Natron, vielleicht auch mehr als 150 ml. Vor allem bei langem Haar. So kann die Umgewöhnung eine Weile dauern.

Haare aufhellen

Möchtest du deine Haare etwas aufhellen oder Strähnchen einfügen? Nimm Backpulver. Mische je nach Haarlänge ein bis drei Päckchen Backpulver mit Wasser zu einer Paste. Trage sie sorgfältig und gleichmäßig auf und wickle ein Handtuch um den Kopf. Alternativ packst du die Strähnen mit Alufolie ein. Lass die Mischung eine Stunde einwirken. Abschließend alles mit warmem Wasser ausspülen.

Fußbad

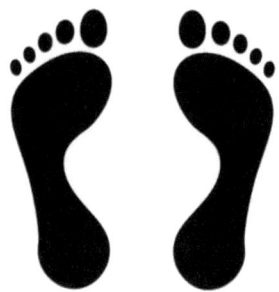

Das Fußbad mit Backpulver oder Natron bildet den Übergang von der Kosmetik zum Heilmittel. Unser modernes Leben ist alles andere als gesund. Wir sind ständig Umweltgiften ausgesetzt, ernähren uns falsch und haben zu wenig Bewegung. Daran solltest du grundsätzlich etwas ändern. Du kannst dich mehr bewegen, deine Ernährung umstellen, gegen die Umweltvergiftung kannst du deine Produkte gezielt auswählen und dich engagieren.

Gegen die Folgen unserer Vergiftung kannst du ein Fußbad nehmen. Damit spülst du saure

Schlacken aus dem Unterhautgewebe, die sich negativ auf deine Gesundheit auswirken. Durch das Natron wird das Wasser basisch und so werden die sauren Schlacken abgepuffert und ausgespült.

Es hilft auch bei Fußpilz - dazu später mehr - Hühneraugen und anderen Infektionen. Ebenfalls befinden sich an den Füßen Reflexzonen aller Organe, die mit einem Fußbad angeregt werden. So wirkt dein Fußbad entspannend und die Füße fühlen sich wunderbar glatt und weich an.
Um der diese Freude regelmäßig zu gönnen, lohnt es schon, sich einen größeren Vorrat anzulegen. Aber achte immer darauf, Natron in Lebensmittelqualität zu verwenden, welches als E500ii gekennzeichnet ist.

So bereitest du dein Fußbad:

In eine entsprechend große Schüssel oder Wanne gibst du mindestens 2 Liter warmes Wasser. Die Füße sollen später komplett vom Wasser abgedeckt sein.

Dann gibst du 3 bis 4 Esslöffel Backpulver bzw. Natron hinzu und rührst etwas um, damit es sich gut auflöst. Du kannst auch noch einen Esslöffel grobes Meersalz hinzufügen. Das Salz beruhigt die Haut und tötet evtl vorhandene Pilze ab.

Dann die Füße hinein und mindestens 10 Minuten entspannen.

Danach kannst du bei Bedarf die Hornhaut mit einem Bimsstein entfernen und abschließend die Füße eincremen.

Fußpilz

Statt einer teuren Salbe kannst du Fußpilz auch mit Backpulver beseitigen. Dazu mischst du dir eine Paste aus Backpulver oder Natron, die sich cremig auftragen lässt. Diese lässt du fünf bis 10 Minuten einwirken, um sie dann mit warmen Wasser wieder abzuspülen. Anschließend hilft noch Teebaumöl, damit die Füße schön weich und zart bleiben.

Gesundheit

Natron ist bekannt als ein wirksames Mittel gegen Sodbrennen und wird als solches auch unter der Bezeichnung Bullrich Salz verkauft. Aber inzwischen nutzen wir es auch bei diversen anderen Beschwerden und sogar als Rezept zum Abnehmen.

Bei den bisher beschriebenen äußerlichen Anwendungen von Natron und Backpulver besteht im Allgemeinen keine Gefahr für die Gesundheit. Bei innerlichen Anwendungen sollte man hingegen einiges beachten und im Zweifelsfall mit dem Arzt darüber sprechen.

Auch wenn es sich bei Natron um ein altbekanntes Hausmittel handelt, solltest du einiges beachten. Bei regelmäßiger Einnahme über eine längere Zeit, zum Beispiel zur Gewichtsreduktion, sollte die verwendete Menge nicht mehr als 1/2 Teelöffel pro Tag betragen. Bei akutem Einsatz (Erkältung) kann es auch mehr sein. Aber Vorsicht. Immer mit ausreichendem Abstand zu den Malzeiten, um die Verdauung nicht zu stören. Ebenfalls sollte die Einnahme von Medikamenten im Abstand von 1 bis 2 Stunden zum Natron Getränk erfolgen.

Bekannte Nebenwirkungen von Natron

• Kein Natron für Schwangere und Kinder.
• Bei Herz-Kreislauf-Erkrankungen nimmst du Natron nur nach Absprache mit deinem Arzt.
• Ebenso bei geschwächten Nieren.
• Zu viel Natron kann dem Magen schaden, da bei einer Anwendung über einen längeren Zeitraum der Körper mit einer Überproduktion von Magensäure reagieren kann.
• Natron bildet im Körper CO_2. Das kann zu Bauchschmerzen, Völlegefühl und Aufstoßen führen.
• Das enthaltene Natrium kann Bluthochdruck bewirken. Vor allem, wenn du schon einen erhöhten Blutdruck hast, solltest du auf Natron verzichten.
• Wird Natron zu lange oder in zu hoher Dosierung eingenommen kann die basische Wir-

kung Herzrhythmusstörungen, Störung in der Entleerung von Blase und Darm und Muskelschwäche hervorrufen. Kann!

Sodbrennen

Beginnen wir mit dem, wofür Natron schon lange bekannt ist, als ein wirksames Mittel gegen Sodbrennen. Ich kann hier keine eigenen Erfahrungen mit einbringen, weil mir Sodbrennen fremd ist. Ist der Magen mal überlastet, zu viel des Bratens oder der Schnaps, der eigentlich die Verdauung unterstützen sollte, dann kann es zu einem Rückfluss, einem Reflux kommen. In der chinesischen Medizin heißt es „rebellierendes Magenqi". Also es stößt einem was auf. Dann hilft schon mal ein kleiner Spaziergang und ein Glas warmes Wasser mit Natron. Dieses ist basisch und neutralisiert die Magensäure. Hier wird der Unterschied zu Backpulver deutlich, denn letzteres enthält auch ein Säuerungsmittel und kann somit nicht die volle Wirkung von Natron entfalten. Es wirkt nicht neutralisierend. Einfach und schnell gemacht. Ein Esslöffel Natron in warmem

Wasser auflösen und zügig trinken. Damit sollte einem akuten Sodbrennen Abhilfe geschaffen sein. Tritt es häufiger auf oder sogar regelmäßig, dann ist ein Gang zum Arzt angesagt. Denn es kann auch ernsthaftere Ursachen haben, als nur mal zu viel gegessen.

Kater

Was bei Übersäuerung des Magens hilft, lässt sich auch gegen einen zu hohen Säuregehalt im Blut einsetzen. Denn das ist die Folge von zu viel Alkohol.

Ein Glas warmes Wasser und ein halber Teelöffel Backpulver sind das Gleiche wie eine Alka Selzer.

Gesünder ist es allerdings, weniger Alkohol zu trinken.

Zahnfleischentzündung

Wenn es beim Zähneputzen blutet, das Eine Zahnfleisch gerötet oder geschwollen ist, dann hast du wahrscheinlich eine Zahnfleischentzündung. Es kann auch schon mal bluten bei einem Biss in einen Apfel. Ansonsten verursacht eine

Zahnfleischentzündung keine Beschwerden oder Schmerzen und bleibt deshalb lange unbemerkt. Dagegen hilft, die Zähne gründlich zu putzen, vor allem die Zwischenräume und etwas Backpulver in warmem Wasser auflösen und als Mundspülung benutzen.

Halsschmerzen

Bei Halsschmerzen machst du dir aus 500 ml Wasser und einem Teelöffel Natron eine Gurgellösung. Mehrmals am Tag anwenden, bis die Beschwerden schwinden. Gurgeln mit der Natronlösung tötet die Bakterien im Hals- und Rachenraum ab.

Erkältung

Eine Erkältung ist lästig und dauert 14 Tage, mit Medikamenten 2 Wochen. Natron kann den Prozess positiv beeinflussen und die Heilung unterstützen.

Am ersten Tag nimmst du 200ml warmes Wasser mit einem Teelöffel Natron alle 3 Stunden, insgesamt 5 mal.

Am zweiten Tag machst du dir eine Mischung

von 600 ml Wasser mit 3 Teelöffeln Natron und trinkst das über den Tag verteilt.

Am dritten Tag machst du eine Mischung von 400ml Wasser mit 2 Teelöffeln Natron, die du über den Tag verteilt zu dir nimmst.

Bitte nach dem dritten Tag mit der Natronkur aufhören, um den Körper nicht zu basisch einzustimmen, der dann mit einer Übersäuerung reagiert.

Reinigen und Entschlacken

Wer eine Natron Kur durchführen möchte, sollte sich vorab mit dem Hausarzt absprechen. Die Kur sollte auch nicht länger als zwei Wochen dauern, damit es nicht zu einem BasenÜberschuss kommt.

Da Natron die Magensäure neutralisiert, dies aber für eine gesunde Verdauung wichtig ist, sollte unser Hausmittel mit ausreichendem Abstand zu den Mahlzeiten eingenommen werden. Es gibt sehr unterschiedliche Meinungen, welche Dosierung die beste sei. Ich empfehle dir nur einmal, am besten vor dem Schlafengehen, 2 Teelöffel Natron in warmem Wasser aufgelöst, zu trinken.

Ein anderes Rezept empfiehlt Natron in Kombination mit Zitronensaft, um den Körper zu entgiften und das lymphatische System anzuregen. Dazu trinkst du täglich auf nüchternen Magen, eine halbe Stunde vor dem Frühstück:
200 ml warmes Wasser
30 ml Zitronensaft, am besten frisch gepresst,
1 Teelöffel Natron.

Aber auch diese Kur bitte nicht länger als 14 Tage und nicht öfter als zwei mal pro Jahr. Das wird auch reichen, um sich frisch und von innen her gereinigt anzufühlen.

Abnehmen mit Natron

Die basenbildende Wirkung von Natron eignet sich hervorragend zur Gewichtsabnahme. Es ist allerdings kein Zaubermittel, welches dir über Nacht zur Traumfigur verhilft. Wenn du langfristig erfolgreich abnehmen und nicht nach der anstrengenden Diät gleich wieder Kilos zulegen willst, dann brauchst du eine langsame Kur. Dazu gehört eine gezielte Ernährungsumstellung, die auf dich zugeschnitten ist und Bewegung, viel Bewegung. Natron kann und wird dich unterstützen, die Fettpolster einzuschmelzen.

Ein vielfach erprobtes Rezept ist die Kombi von Natron mit Grapefruitsaft.
100 ml Wasser
100 ml Grapefruitsaft
1 Teelöffel Natron

Diese Mischung mindestens drei Mal die Woche auf nüchternen Magen trinken. Es gibt dir ein langanhaltendes Sättigungsgefühl und verbrennt gleichzeitig Fette.

Eine andere Variante nimmt Apfelessig. Wir wissen ja, dass Apfelessig verdünnt mit **Wasser** den Stoffwechsel anregt, antibakteriell wirkt und so die Darmflora von Fäulnisbakterien reinigt. Weil er sich auch günstig auf den Insulinspiegel auswirkt, wird er häufig von DiabetikerInnen getrunken.

Zur Gewichtsreduktion nimmst du einen halben Liter Wasser mit 50 ml Apfelessig und einem Teelöffel Natron, täglich eine halbe Stunde vor dem Frühstück.

Auch diese Kuren bitte nicht länger als zwei Wochen durchführen.

Chronisch entzündliche Erkrankungen

In einer Studie von 2018 kommen Wissenschaftler der Augusta Universität in Georgia/USA zu dem Schluss, dass eine tägliche Dosis Backpulver dazu beitragen kann, die zerstörerischen Entzündungen bei Autoimmunerkrankungen wie rheumatoider Arthritis zu verringern. Sie haben einige der ersten Beweise dafür, wie das billige, rezeptfreie Antisäuremittel unsere Milz ermutigen kann, eine entzündungshemmende Umgebung zu fördern, die angesichts der entzündlichen Krankheit therapeutisch sein könnte. Den ausführlichen Artikel findest du auf Englisch unter diesem Link: https://www.sciencedaily.com/releases/2018/04/180425093745.htm (gefunden am 17.05. 2022)

Zum Schluss

Wahrscheinlich bist du überrascht, wozu so ein einfaches Pulver alles gut sein soll. Aber bedenke, das Leben ist einfach, wir machen es nur kompliziert. Probier alles aus, was dich interessieren kann. Vielleicht hast du bald, so wie ich, einen 5kg Eimer Natron in der Vorratskammer stehen und dafür einige Flaschen anderer Mittel nicht mehr. Es macht Spass, sein Leben zu vereinfachen und sich unabhängig zu machen.
Ich wünsche dir eine schöne Zeit. Schau immer mal wieder bei uns rein, in

Capt. Swings Geheime Bibliothek

Mona Rhodan

Altes Brot

Melanie Koßmann zeigt mit 50 Rezepten, wie man altes Brot in köstliche Speisen verwandelt.
Man kann alte Brotreste in Vorspeisen, Hauptgerichten, beilagen sowie Desserts hervorragend weiter verwerten.

Paperback 110 Seiten
ISBN-13: 9783755700920
9,95 €

Das kleine Bruschetta-Buch
Die 40 besten Rezepte

Bruschetta war in früheren Zeiten ein „Arme- Leute-Essen" und ist ein italienisches Antipasti. Es gibt unzählige Variationsmöglichkeiten, von einfach bis extravagant, von traditionell bis zu Gourmet-Crostinis.

Paperback 96 Seiten
ISBN-13: 9783755701279
9,95 €

Liköre selbst gemacht

Selbst gemachter Likör ist immer ein wundervolles Geschenk aus der Küche, welches von Herzen kommt!
Wenn der Likör dann noch in der einer phantasievollen Flasche mit selbstgemaltem Etikett steckt, ist er ein echtes liebevolles Unikat.

Paperback 88 Seiten
ISBN 9 783755 715504
8,95 €

Kosmetik selbst gemacht

5 gute Gründe, Kosmetik selbst zu machen:
Einfluss auf die Inhaltsstoffe
Umweltschonend
Kein Tier muss leiden
Kostengünstig
Gutes Gefühl

Paperback 140 Seiten
ISBN 9 783755 716587
9,95 €

Märchen aus aller Welt
Band 1 Asien
20 außergewöhnliche Märchen von Japan bis in die Türkei

Paperback 108 Seiten
ISBN 9 783755 748977
9,95 €

Achtsamkeit
30 Methoden Dein Leben zu verbessern
Melanie Koßmann

Achtsamkeit bedeutet, den Moment bewusst wahrnehmen. In Konzentration im Augenblick verweilen.

Paperback 78 Seiten
ISBN 9783755761617
8,95 €

Ballonspiele
Du kennst mich schlaff, du kennst mich rund, ich mache alle Feste bunt. Jetzt hol tief Luft und pust´ mich auf, denn spielen kannst du mit mir auch!

Paperback 72 Seiten
ISBN 9 783755 716587
7,95 €

Latein für Alle
Wozu Latein? Nun, um sich wichtig zu tun? Oder Wichtigtuer zu verstehen und ihnen vielleicht sogar Kontra geben zu können.

Paperback 70 Seiten
ISBN-13: 9783755700265
7,95 €

Das LSD Tattoo
und andere urbane Legenden

Geschichten die zu schön sind um nicht wahr zu sein.

Paperback 72 Seiten
ISBN-13: 9783755710998
7,95 €

Das unmögliche Ausmalbuch

100 geometrische Figuren, die dich in den Wahnsinn treiben

Paperback 110 Seiten
ISBN 9 783755 736875
9,95 €

Die 50 besten Streichholz Rätsel

Kevin Croo

Paperback 78 Seiten
ISBN 9 783755 780618
8,95 €

Yi Jing Das chinesische Weisheits- und Orakelbuch

Über 3000 Jahre gesammeltes Wissen.

Paperback 88 Seiten
ISBN 9 783755 716594
9,95 €

An einem geheimen Ort lagert ein Schatz von Büchern, voller Staub und dem Wissen der Menschheit. Ein Team begeisterter Forscher arbeitet sich durch die Stapel. Ständig wieder überrascht von den verschiedenen Themen. Niemand weiß, was wir als Nächstes finden. Nein, eine Ordnung gibt es nicht.

www.captswing.jimdofree.com

 captswings

 captswings

 @CaptSwings

Capt. Swings
Geheime Bibliothek